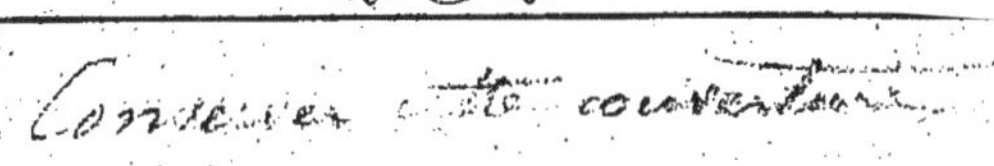

CONSTITUTION

FRANÇAISE

TELLE

QUE LA RÉCLAMENT LES BESOINS

De l'époque actuelle.

1838.

PRÉCIS

d'un Ouvrage inédit,

EN DEUX VOLUMES IN-8º,

INTITULÉ:

Constitution Française

TELLE QUE LA RÉCLAMENT LES BESOINS
DE L'ÉPOQUE ACTUELLE.

Par J.-M. SOUBDÈS.

1838.

CONDOM : IMPRIMERIE DE DUPOUY JEUNE, PLACE D'ARMES.

PRÉCIS.

———

Je me propose, dans cet écrit peu étendu et reserré, de soumettre au jugement de quelques lecteurs choisis, plusieurs idées, qu'à des époques récentes m'inspira l'amour de mon pays, et que m'engage à propager hâtivement l'ardeur avec laquelle beaucoup de Français réclament aujourd'hui une réforme électorale. Les idées que je vais exposer sont toutes extraites d'un ouvrage de longue haleine, que j'ai comme terminé, et dont le sujet consiste à démontrer quelles seraient, tant pour le présent que pour l'avenir, les institutions politiques les plus favorables, à l'effet d'asseoir sur des bases solides l'inaltérable prospérité de la France régénérée.

Je prie le lecteur de vouloir bien m'accorder toute son indulgence : les pages que je lui soumets sont plutôt des études ou des recherches laborieuses, qu'une suite de solutions positives. Je présente mes vœux et mes idées, avec l'espoir qu'ils feront naître une controverse impartiale et féconde, que je désire voir bientôt s'ouvrir, afin d'apprendre si mes projets de réforme annoncent quelque utilité réelle. Il pourrait arriver des observations qui me seraient faites, qu'elles hâteraient ou qu'elles ajourneraient indéfiniment la publication de mon grand ouvrage. Ce n'est qu'en s'étayant, comme je cherche à le faire, de l'avis des hommes les plus habiles; ce n'est qu'en faisant, pour ainsi dire, des échanges ou des communications d'idées, qu'il deviendra possible à chacun de nous d'obtenir l'exacte connaissance de la vérité.

Une autre sollicitude m'occupe assez sérieusement; lorsque des écrivains tout à fait inconnus, et je dois être de ce nombre, entreprennent un travail aussi grave et aussi important que celui qui va suivre, le lecteur aime à savoir quels titres ces écrivains apportent pour engager les personnes, auxquels ils s'adressent, à les lire jusqu'au bout et à leur prêter quelque confiance : je vais, par de tels motifs, dire brièvement qui je suis. Ce préliminaire est quelquefois un passe-port indispensable à la propagation des idées qu'on veut répandre. Je me soumets donc à cette loi de précaution, promettant de me renfermer dans une extrême réserve, par rapport aux choses qui me seraient tout à fait personnelles ou particulières.

J'ai pour principe que chaque citoyen doit offrir à sa patrie et aux hommes qui la gouvernent, le tribut des lumières et de l'expérience qu'il peut avoir , lorsqu'il compte surtout, nombre d'années d'observations assidues. J'étais capitaine dans un régiment de cuirassiers , et j'avais parcouru diverses contrées de l'Europe, quand arriva la chute de l'Empire. Je dus, à cette dernière époque, me retirer dans mes foyers : les directions politiques ne marchant plus selon ce que je croyais être les intérêts durables de la France, je ne pouvais coopérer à la mise en action d'aucun des systèmes qui furent successivement essayés. Ce n'est pas à dire qu'en aucun temps j'aie médité, ni désiré des révolutions; mais plutôt, prenant les gouvernemens tels qu'ils étaient, j'aurais voulu leur voir suivre d'autres voies, plus favorables aux nouveaux intérêts publics, consacrés par trente années d'existence et de triomphes.

Mes vœux sur ce point n'étant pas exaucés, je me livrai, dans une retraite de mon goût, à l'étude simultanée des hommes, des choses et des sciences politiques. La fortune suffisante que je possédais, et une certaine indépendance de caractère, qui m'est naturelle, favorisèrent merveilleusement la vocation observatrice et studieuse dont je fus alors si vivement épris. Jamais on ne m'a vu à la tête ni à la suite d'aucun parti; malheureusement, non plus, aucune direction politique n'a reçu, depuis les temps d'égalité parfaite du glorieux Empire (A), mon approbation entière ou générale.

Aujourd'hui même, les trois drapeaux en lutte, le blanc des légitimistes, le bleu des hommes de gouver-

nement, ou tuteurs de la nation, et le rouge des ré-
publicains, ces trois drapeaux, que réunit assez bizar-
rement notre bannière tricolore, mais qui se trouvent
en discorde complète, par l'effet de leurs tendances opposées, ces trois drapeaux, dis-je, ne me semblent
nullement, chacun à part eux, un signe de prospérité
durable. Les uns et les autres me repoussent avec une
égale insistance, ils sont conséquens en cela, et je les
approuve, car je n'ai pas la moindre envie d'appuyer
les prétentions exclusives que tous manifestent assez
hautement, et cependant leur félicité constante, celle
de mon pays et de tous mes concitoyens, sont au nombre des vœux les plus ardens qu'il me soit permis de
former.

Je suis en politique homme d'union, de fusion et de
conciliation ; mais, sous aucun rapport, homme de parti ; je crois même, lorsque des partis existent dans le
sein d'une nation, qu'il est toujours possible de les ramener à un régime de concorde et de prospérité publique, et de les y maintenir.

Depuis 1830, il eût été préférable, selon moi, de
marquer d'une manière plus tranchée et plus décisive
la ligne que je viens de signaler, et de l'offrir plus net-
tement en regard et en refuge, aux hommes si nombreux sur le sol français, qui placent l'intérêt public
avant toute chose, et qui ne sont ni ambitieux, ni intrigans, ni perturbateurs. Cette ligne n'ayant pas été suffisamment tracée, on a tour à tour laissé des sujets d'espérance trop excitans, aux zélateurs des traditions féodales
et aux démocrates exclusifs ; de telle sorte que les gou-

vernans se trouvent placés aujourd'hui comme dans un état, dont il leur sera difficile d'éviter les dangereuses étreintes (B).

D'après l'exposé rapide qui précède , mes lecteurs peuvent se convaincre que je me suis trouvé à même, pendant plus de vingt années, d'acquérir quelque expérience dans l'appréciation des affaires politiques, d'autant que le platonisme ancien ou moderne n'a jamais été de mon goût, à moins que ce ne soit au titre d'objet de curiosité.

J'envisage et j'étudie préférablement à tout , le positif des choses, le réel et le praticable, ainsi que le recommandent si judicieusement Aristote et Solon. Il est vrai que pour observer le mouvement social, pour bien réfléchir sur les diverses conséquences qu'il amène , j'ai toujours eu du loisir devant moi, d'autant que depuis 1814 jusqu'à ce jour, je ne me suis vu distrait , ni détourné par aucune sorte d'occupations forcées de l'espèce des fonctions publiques ou des professions lucratives : je me trouve encore dans cette heureuse situation, sans projet, ni sans désir de la quitter.

Je vais maintenant aborder les questions majeures qui font l'objet de cet écrit : prenons d'abord les choses d'un peu haut, et, afin même de ne rien laisser d'indécis, jettons un vaste coup-d'œil sur l'organisation politique et sociale de l'Europe actuelle. Je vois d'abord les quatre cinquièmes du territoire Européen dominés par des races privilégiées, qui se disent issues des conquérans de la partie ouest et nord de l'empire romain : quelles qu'aient été les affiliations ou les mésalliances advenues parmi ces races, toujours est-il que l'esprit de caste a constamment dirigé leur marche politique. De tous les temps elles ont possédé et possèdent encore une puissance aussi étendue que solide (C) , et les masses subjuguées sont très loin, à l'heure qu'il est, d'obtenir un affranchissement définitif, quoiqu'en puissent dire les coryphées cosmopolites de la démocratie.

J'ai vécu plusieurs années au milieu de ces masses ; j'ai souvent traversé leur territoire, du Rhin à la Moscovie, des versans du Danube à la Baltique ; je connais leurs mœurs slaves et germaines, et je crois être en droit d'affirmer, qu'elles sont incapables, avec une civilisation perfectionnée et savante comme celle des temps actuels, de se bien gouverner, en quelque état de petite nation qu'elles puissent être subdivisées. Elles pourront en venir à des révoltes ou à des jacqueries passagères ; mais avant longues années et peut-être des siècles, il leur serait impossible d'avoir l'élévation d'âme, l'intelligence et l'impartialité si nécessaires pour bien diriger des intérêts publics.

Et d'ailleurs, que d'incidens surviendraient pendant leur apprentissage, si elles venaient à le tenter : incidens qui les replongeraient peut-être dans une dépendance plus rude que la précédente. Il est probable même que ces masses finiraient bientôt par se lasser de leur maîtrise, et par abdiquer leur pouvoir abusif, dans le cas où des événemens fortuits tarderaient trop à le détruire.

Voilà pour ce qui concerne les quatre cinquièmes de l'Europe ; quant à l'autre cinquième, c'est tout l'opposé.

Ici, et la France marche en tête, plus de races privilégiées au pouvoir, plus de castes politiques ; le niveau a
tout détruit ; les mœurs sont profondément imprégnées
d'égalité. L'esprit vif et pénétrant du Français initia de
bonne heure aux mystères de l'art de gouverner une
foule de nationaux , qu'avant 1789 on aurait désigné
sous le nom générique de plébéiens. Les intérêts ou les
habitudes de l'ancien régime , protégés par les castes
étrangères, voudraient-ils fomenter sur notre territoire
des guerres civiles plus ou moins sérieuses , la situation
naturelle de la France reprendrait, après quelques désordres fort courts , son niveau de calme et d'égalité, et
cette situation ne serait autre chose que l'absence de
tout privilége de caste.

Les plus dangereuses perturbations intestines doivent cependant résulter de l'organisation qui subsiste
maintenant en Europe, et telle que je viens de l'exposer. Les races privilégiées dans les quatre cinquièmes dé-
finis plus haut , craindront sans cesse qu'autour d'elles,
et parmi leurs inférieurs , bourgeois ou manants ,
l'exemple de la France ne fasse des prosélites, capables
de se livrer aux plus désastreuses révoltes. Ces races
dès-lors s'efforceront toujours d'étouffer sur leur propre territoire et même chez quelque nation étrangère
que ce soit, les moindres tentatives d'affranchissement
au bénéfice des plébéiens asservis.

Elles savent assez que rien n'est plus inflammable que
ces derniers, lorsqu'on fait retentir à leurs oreilles des
paroles magiques de liberté, qui sont , pour tant d'individus pauvres d'argent et d'esprit, ou qu'égar nt des

menées démagogiques, paroles, dis-je, qui sont, pour ces individus, l'équivalant ou l'avant-coureur d'une égalité de rangs et de fortunes.

De son côté, le cinquième que j'ai décrit précédemment, et qui se trouve débarrassé de toute suprématie de caste, doit, non sans quelque raison, nourrir des défiances perpétuelles contre les dominateurs privilégiés de la majeure partie de l'Europe. Sa position même est telle, que pour mieux dissiper les périls qui le menacent, il croit avoir besoin de fortifier surabondamment l'influence démocratique. Ainsi, tout en voulant éviter les abus de castes, il tombe dans ceux de la démocratie absolue, plus préjudiciables d'une part, et de l'autre plus difficiles à vaincre.

Nous devons induire de ce qui précède, que le gouvernement en France est aujourd'hui dans une position très hasardeuse, soit vis-à-vis les monarques féodaux qui disposent des quatre cinquièmes de l'Europe, soit vis-à-vis les populations inquiètes, jalouses, défiantes, et formant le cinquième en possession d'un régime de liberté assez mal affermi jusqu'à ce jour ; de sorte donc que, des deux parts, on voit nombre d'individus manifester au gouvernement français des exigences abusives et réclamer des garanties, plus que suffisantes, afin, disent-ils, de mieux consolider leurs intérêts respectifs.

Ces garanties cependant, contradictoires en elles-mêmes, hostiles les unes aux autres, ne peuvent, par les luttes qu'elles font naître, qu'affaiblir la force, l'influence et la stabilité du gouvernement français.

Celui-ci ne parviendra jamais à dissiper toutes ces

causes de trouble, que lorsqu'il sera ouvertement aidé et secouru par la coopération effective d'une grande majorité nationale : plus on pourra croire qu'il agit de sa seule et pleine autorité, ou qu'il gouverne en corrompant un corps d'élus ou d'électeurs par trop restreint ; plus les partisans du privilége et les démocrates exclusifs réclameront, chacun dans leur intérêt, des garanties immodérées ; tandis que si des masses nombreuses de citoyens participent à la direction première du pouvoir législatif, les partis, en France ou à l'étranger, seront beaucoup moins exigeans, parce que des majorités élevées, présentent une force qui en impose toujours aux mécontens, quels qu'ils soient, et qui peut même, dans la plupart des circonstances, étouffer les menaces avant leur explosion, ou devenir un obstacle insurmontable contre les premiers développemens de quelque espèce de révolution que ce puisse être.

Le gouvernement français, avec les institutions qui lui servent aujourd'hui de base, est-il réellement soutenu par le concours d'une grande majorité nationale ? Ici, nous sommes obligés de répondre par la négative. Entendons-nous cependant ; je ne prétends pas que cette majorité refuse ou refuserait, dans l'occasion, d'appuyer le gouvernement dont il s'agit, je veux dire seulement qu'elle n'est pas en position d'effectuer un concours direct et réel ; ou, en d'autres termes, trop peu de citoyens sont appelés à exercer les droits poliques, ayant pour objet d'arriver au choix des législateurs.

Si on donne à trois, quatre et même six millions de citoyens une part, quelque minime qu'elle soit, dans l'exercice des droits que je viens d'expliquer, on pourra être certain alors que les monarques absolus, que les aristocraties slaves et germaines, que les démocrates turbulents, les ambitieux, les fauteurs d'intrigues ne seront plus aussi exigeans, inquiets ou perturbateurs, qu'ils ont sujet de l'être, en présence du système de gouvernement qui prévaut aujourd'hui parmi nous, qui fait peser une exclusion onéreuse sur tant de personnes, et qui favorise ou satisfait uniquement cent mille citoyens au plus, formant une majorité de classe moyenne, parmi les électeurs de l'une des branches du pouvoir législatif.

Lorsque la souveraineté du peuple est adoptée en principe, et si restreinte dans l'application; lorsque tant de citoyens sont exclus et un si petit nombre admis, il devient inévitable qu'une foule de regrets, de mécontentemens et de récriminations, n'éclatent sur plusieurs points du territoire. Le grand ressort des libertés illimitées, de l'indépendance absolue des masses nécessiteuses, de l'égalité des rangs et des fortunes, brandons si actifs de discordes et de ravages, ce grand ressort est tendu à l'extrême par les plus audacieux démagogues, dont l'espèce ne s'éteint jamais, qui vivent silencieux et inaperçus dans les temps de calme et d'union, qui reprennent leur fouge désorganisatrice aux approches de l'orage, et qui trouvent toujours des dupes, des victimes, ou de bénévoles adhérens.

Quatre millions d'électeurs seulement rendraient la démagogie impraticable ou sans influence, mais elle sera toujours à redouter tant qu'on ne voudra admettre que deux cents mille électeurs, sur une population générale de trente-deux millions d'âmes. Avec ce dernier régime, non-seulement il faut s'attendre à voir la démagogie, sans cesse en crédit et en mouvement, causer des troubles civils, ou des révolutions; mais encore, il est très certain qu'elle excitera au-dehors les défiances et les réclamations impérieuses des gouvernemens étrangers et de leurs aristocraties, qui frémiront toujours, dans la crainte assez fondée, de voir le fléau démagogique faire irruption jusques chez eux.

De tout ce qui précède je conclus qu'à l'avenir, il ne peut y avoir ni prospérité durable ni repos assuré pour la France, pour son gouvernement, et pour la dynastie actuelle, qu'à la condition d'appeler au concours électoral trois millions au moins de citoyens, formant, sur une vaste échelle, l'élite de la nation (D). Ce nombre en imposera suffisamment à la démocratie turbulente et aux aristocraties étangères. Par ce moyen aussi le gouvernement français sortira de l'état que je signale dans les précédents paragraphes et qui l'étoufferait peut-être un jour.

La seule objection plausible qu'on puisse opposer au système que je combine, est celle-ci : les trois millions d'électeurs dont il s'agit, appuyeraient-ils de cœur et en grande majorité, le gouvernement actuel, ainsi que la dynastie appelée maintenant à régner sur la France? Cette question est grave ; j'en conçois toute la portée. Quiconque ne la résoudra pas comme je vais le faire, doit rejeter entièrement mon système. Je ne suis rien moins qu'impérieux dans mes opinions ; je tiens à celles que je peux avoir, j'y tiens, jusqu'à ce que leur imperfection me soit démontrée; mais, dans tout état de choses on me verra sans cesse respecter les convictions loyales de chacun. Revenant à la question si grave et si importante qui précède, je me borne à répondre hardiment par l'affirmative la plus prononcée.

Oui, les Français, au fond de l'âme, et en grande majorité, veulent que LOUIS-PHILIPPE-D'ORLÉANS soit leur Roi, et qui plus est, l'intérêt positif de la France régénérée, exige que la dynastie d'Orléans se perpétue sur le trône, à peine des plus douloureux et des plus interminables déchiremens que puisse endurer une nation (E).

Mais aussi, il faut que cette dynastie marche d'une façon manifeste et décidée dans les voies de régénération, d'égalité raisonnable et de liberté possible, telles que les annonça le grand réveil de 1789. Pour peu que cette même dynastie, déjà en suspicion par son origine, laissât quelques doutes s'élever sur ses intentions régénératrices, elle manquerait à sa mission providentielle, l'amour et la confiance des français s'affaibliraient graduellement, et peut-être subirait-elle, avant peu, un sort pareil à celui qui maintenant frappe la famille du généreux, mais trop confiant Charles X ?

La loi électorale, destinée aujourd'hui à donner des

législateurs à la France , est de nature à faire peser sur la dynastie d'Orléans, des périls analogues à ceux que je viens de signaler. Cette loi, en excluant trop de citoyens, les indispose vivement, ainsi que je l'ai déjà dit, les rend plus dociles aux suggestions des perturbateurs, et les porte fort souvent à réclamer des concessions exagérées, qu'avec une autre loi, moins exclusive, ils ne songeraient nullement à demander. Sous tous ces rapports, ils ne cherchent probablement qu'à mieux se mettre en garde contre l'esprit de caste , et sans doute aussi , adoptant une coutume très vulgaire , peut-être ne demandent-ils le plus que pour obtenir le moins. Quoiqu'il en soit, l'étranger qui s'effraie facilement à l'aspect des excès démocratiques, ne peut que manifester des craintes ou des menaces réitérées au gouvernement français, qui se trouve alors comme placé entre deux feux , et qui voit de toutes parts des orages s'amonceler sur lui.

Mais il y a plus ; ce gouvernement croit éviter les périls que je signale, il croit dompter la démocratie envahissante et la contenir par le moyen de la corruption qu'il emploie avec habileté ; en agissant ainsi , il ne fait cependant qu'ajourner l'époque des vives souffrances. Quelques explications à ce sujet ne seront pas ici hors de propos. La corruption , envisagée superficiellement, fournit sans doute quelques avantages au pouvoir, dans le cas surtout où il n'a besoin de gagner qu'un petit nombre d'individus, parce qu'alors les parts au gâteau sont infiniment meilleures ; d'un autre côté, les succès obtenus avec elle sont d'autant plus rapides et plus assurés, qu'on la destine particulièrement à séduire des hommes d'une fortune moyenne, assez riches pour prendre goût aux plus délicieuses jouissances de ce monde, mais trop pauvres pour s'en rassasier. De ces données positives, il résulte qu'avec une loi électorale comme celle aujourd'hui en vigueur parmi nous, la corruption est toujours certaine de réussir ; les ressources que lui fournit son alliance avec le pouvoir, sont plus que suffisantes, car elle se voit, grâce à la loi en question, peu d'individus à satisfaire, et puis, elle doit éprouver un bien petit nombre de refus, lorsqu'elle aborde communément des hommes qu'une fortune moyenne met sans cesse en appetit et ne contente jamais (F).

Il sera facile de se convaincre des vérités qui précèdent, en observant que le propre de la loi électorale, dont il s'agit ici, est de produire une forte majorité d'électeurs payant de deux à quatre cents francs d'impôts, ce qui suppose seulement deux à quatre mille francs de revenus. Quelle prise pour la corruption ! D'autant qu'il n'est pas nécessaire de corrompre tous les électeurs d'un collége, ni tous les colléges en même temps, la moitié plus un suffit, et ils sont faciles à gagner, lorsque le nombre des emplois salariés est double et triple de celui des électeurs inscrits sur la liste générale.

En parlant ici de corruption, j'exhorte mes lecteurs à croire que je n'ai nullement en vue les séductions viles et grossières, au moyen desquelles on achêterait des suffrages ou des consciences à beaux deniers comptant. Si des trafics de cette espèce existent, je l'ignore, et je désire même ne rien connaître à leur égard. J'envisage seulement l'espèce de corruption qui s'introduit par fois dans la manière dont un gouvernement promet, accorde, ou refuse des fonctions publiques et des honneurs. Il arrive fort souvent que par des illusions ou des préventions réciproques, celui qui dispense les faveurs en question, et celui qui les sollicite, se font l'idée qu'ils ne blessent jamais l'équité et qu'ils donnent toujours la préférence au mérite. Cependant, l'esprit de parti et une sorte de fanatisme politique, les aveuglent en plusieurs circonstances, et les portent à manifester des offres ou des demandes injustes de faveurs et d'emplois publics : telle est uniquement l'espèce de corruption, ou de partialité désorganisatrice, que je prends à tâche de signaler dans mes véridiques feuillets. Il existe bien encore un autre genre de corruption, celle qu'exploitent les partis et les démagogues, en soufflant tour à tour le mensonge, la calomnie, les espérances vaines et les promesses fallacieuses : j'ai déjà fait connaître ce que je pensais d'elle; j'aurai peut-être, dans les pages qui vont suivre, à constater de nouveau ses funestes effets; dès-lors il serait superflu de la décrire maintenant avec quelque étendue. Ces explications données, je continue l'examen que m'a fait interrompre le présent paragraphe.

Il semble que la corruption, au premier aspect, soit un moyen de gouvernement à la fois doux, commode, facile à manier, et très profitable au pouvoir; mais, il ne faut pas s'y méprendre, elle n'offre, sous tous ces rapports, que des apparences extrêmement trompeuses : dans le cours de ses triomphes, et par-dessous les séductions artificieuses qu'elle met en jeu, on la voit distiller sans cesse des venins très pernicieux; d'abord, elle décrédite, déshonore même le pouvoir qui la prend pour appui, tandis qu'elle avilit et rend de nulle valeur l'instrument qu'elle corrompt ou qu'elle suborne. Si elle obtient quelques avantages, ils ne sont que momentanés, car, en faisant naître, par l'appât du gain ou des honneurs, une foule de penchans cupides, elle ouvre la porte à tous les vices qu'enfante la bassesse d'âme, et qu'entretient la soif des profits illicites; d'où il suit qu'elle éteint, par contre-coup, l'émulation des vertus, et, de cette sorte, elle déprave totalement les mœurs publiques et privées. Je n'expose ici que des faits réels, dont on obtiendra facilement la preuve en jetant un coup-d'œil scrutateur sur la marche et sur les résultats des gouvernemens représentatifs, envahis par la corruption.

Autre chose encore, on ne range des subordonnés sous ses ordres, on ne distribue des faveurs, que pour obtenir du dévouement : mais l'obéissance passive étant le trait le plus caractéristique des hommes séduits ou corrompus, il arrive alors que tout gouvernement corrupteur se prive d'un précieux avantage, celui de recevoir au besoin d'utiles et véridiques renseignemens. La corruption le flattera dans ses moindres désirs, le laissant toujours exposé sans défense, à tous les périls qui le menaceront. Qui peut lui garantir qu'avec une progression de mœurs semblables, il ne serait pas sacrifié quelque jour au gré d'un plus offrant et dernier enchérisseur? A ce compte, le sultan Mahmoud pourrait fort bien , à l'avenir , disposer d'un grand nombre de voix dans nos assemblées électorales. La Pologne ne gémit-elle pas encore des funestes effets que produisit dans ses diétines l'infâme corruption?

Il faut avoir aujourd'hui le courage d'en faire l'aveu, le gouvernement français est miné par tous les vices de la corruption , et chose remarquable , il se trouve comme forcé d'être corrupteur lui-même : la nécessité et l'inrêt public lui en font un devoir, afin qu'il n'ait pas à subir l'influence désastreuse, que tend à faire prévaloir sans cesse la disposition naturelle du corps électoral, à se laisser corrompre par l'intrigue démagogique. Il suffit d'observer de bien près le personnel d'un collége électoral, pour connaître à fonds toutes les turpitudes mises en jeu, afin d'obtenir l'élection d'un député qui promet à ses partisans une pluie de grâces, de faveurs et de fonctions publiques, refusées alors au vrai talent et au vrai mérite. On a même quelquefois prostitué les institutions les plus sacrées, jusqu'à les faire servir clandestinement au triomphe de certains candidats (G).

Le gouvernement français auquel des manœuvres de ce genre font acquérir une majorité dans le corps législatif, en reçoit pour le moment quelques satisfactions réelles, mais passagères et suivies bientôt d'une foule de regrets amers; les partis, et l'étranger lui-même, se persuadent, qu'au moyen de ces distributions illicites de faveurs et d'emplois, il reste maître absolu des votes, des consciences, des élections, et finalement du pouvoir; ils le croient arbitre unique de toutes les mesures gouvernementales qu'il lui convient de prendre, et de toutes les directions politiques qu'il lui plaît d'adopter. Dès-lors les réclamations qu'ils ont à faire, les griefs, les mécontentemens, et quelquefois les tentatives de vengeances, retombent en entier sur lui ou sur ses chefs, les maintiennent ainsi dans un péril continuel, ou, pour le moins, les accablent des plus vives inquiétudes.

D'où je conclus que ce gouvernement n'aura jamais ni repos, ni existence durable à espérer, que par le concours effectif de la grande majorité nationale, dont j'ai plus haut offert l'évaluation, et il est impossible qu'une telle existence résulte de la loi électorale actuelle, trop exclusive, et donnant trop de facilités à la corruption, ainsi qu'au pernicieux système qui fait, de la plupart des fonctions publiques, l'apanage ou le salaire des intrigues électorales, au lieu de confier ces mêmes fonctions aux hommes les plus dignes, par leurs talens et par leurs vertus, de les remplir honorablement.

—————

Il est donc de la plus haute importance, d'abolir la loi électorale actuelle, si vicieuse et si compromettante, et de la remplacer par une autre plus en harmonie avec les intérêts de la France régénérée, comme avec ceux de la dynastie régnante, tant à l'intérieur, que par rapport aux principales monarchies absolues de l'Europe.

—————

J'ai dit page 13 qu'il fallait avoir trois millions au moins d'électeurs : un tel nombre indique naturellement , que l'élection directe serait impossible , à peine de voir s'introduire parmi nous, les dégouttantes saturnales, dont les élections anglaises furent dernièrement le théâtre ; et d'ailleurs, la plupart des citoyens que j'appellerais, ayant une éducation par trop rétrécie, ne sauraient, en aucune manière, distinguer par eux-mêmes les hommes qui pourraient le mieux exercer des fonctions législatives. La majeure partie des électeurs de deux cents francs et au-dessus, étant eux-mêmes incapables de discerner, sous ce rapport, les meilleurs choix à faire, on ne doit rien trouver d'étonnant alors, à ce que des résultats semblables soient amenés par des électeurs payant moins de deux cents francs. Un homme de rang et d'esprit inférieurs ne saura point reconnaître quels seraient les plus habiles législateurs ; mais il pourra très bien désigner autour de lui qui fera le mieux cette opération, ou de tels choix. Si on donne à des électeurs une tâche au-dessus de leur intelligence, il faut inévitablement qu'ils se laissent diriger par l'intrigue , et comme le rôle de meneur porte avec lui quelque chose qui répugnera toujours à une certaine rigidité de sentimens honorables, il doit nécessairement s'ensuivre que l'intrigue sera le plus souvent exploitée par les moins dignes, et qu'alors les électeurs incapables, ne peuvent être que des instrumens passifs, servant à consacrer de fort mauvais choix.

Des personnages graves, mais dans l'erreur sur ce point, croient que l'élection directe, telle que la supporte aujourd'hui la France, devrait être maintenue, parce que, disent-ils, l'élection à deux degrés ne serait nullement populaire : à cet égard, je pense tout l'opposé, et il suffit même ici de l'évidence pour se convaincre que rien ne semble moins populaire qu'une loi qui exclut la grande majorité des citoyens, et qui, sur trois millions d'ayans-droit, n'en admet que deux cent mille au concours électoral.

Un autre vice de l'élection directe, sans mélange d'aucun degré, provient de ce que les moins imposés forment toujours une majorité inévitable, à quelque chiffre d'impôt que s'arrête la liste générale des électeurs (H). Avec cette élection directe, il ne peut donc y avoir que monopole constant, au bénéfice des faibles contribuables, inscrits sur la liste, quelle qu'elle soit, et oppression et exclusion de tous les autres citoyens inscrits, ou non inscrits sur la dite liste. Pour preuve de ce fait, je cite la loi électorale aujourd'hui en vigueur parmi nous, et de laquelle il résulte que les électeurs qui paient de deux à quatre cents francs, sont en nombre beaucoup plus grand que tous les autres électeurs, forment, quand il leur plaît, une majorité dominatrice, et, de cette sorte, jouissent en seuls du monopole électoral.

On remarque aujourd'hui chez beaucoup de Français, une sorte de préjugé, ou pour mieux dire, une aveugle prévention en faveur de l'élection directe, dont tous les vices n'ont pas encore été suffisamment aperçus ou approfondis, quoique leurs pernicieux effets se fassent journellement ressentir. Il est très certain, cependant, que les diverses classes de la société ne jouiront en France d'une égalité réelle de droits, de charges et

.de garanties, que lorsqu'on admettra l'élection à plusieurs degrés, combinée de telle sorte que toutes les classes, maintenues dans un juste équilibre, aient une part égale d'influence politique.

Le système impartial et conciliateur que je propose, assure ces avantages tout en remédiant aux vices de l'élection directe, qui désorganise maintenant la France; il admet comme électeurs primaires, s'ils remplissent d'autres conditions d'âge et de dignité, tous les contribuables de vingt francs au moins, au-dessous duquel chiffre je ne vois plus d'indépendance suffisante chez aucun citoyen. Je réunirais ensuite les électeurs primaires par sections de mille âmes de population : ils ne se trouveraient jamais que cent au plus dans chaque salle, ou dans chaque collége primaire. Plus une assemblée est nombreuse, et plus les têtes s'échauffent ou s'exaltent; il n'advient alors que désordre, intrigue, confusion et trouble d'esprit : l'unique attribution des électeurs primaires se réduirait à nommer de vive voix, et après serment de loyauté, un électeur direct, pris sur la liste des contribuables de trois cents francs au moins.

Immédiatement après leur élection, ou le lendemain, les électeurs directs, par chaque arrondissement de cent mille âmes de population, se réuniraient au centre, à peu près, du ressort, et là, à l'abri de toute intrigue, ils choisiraient, au scrutin secret, un député législateur, qui pourrait être pris sur la liste générale des électeurs primaires : les électeurs directs offrant la garantie de fortune, si importante à maintenir, il serait surabondant de la vouloir dans les deputés élus ; l'intérêt des premiers répond de la moralité de ceux-ci.

La chambre actuelle des pairs, malgré ses apparences de corps public, est un grand conseil privé auprès du monarque : elle existe sans influence, sans mandat, et sans aucune espèce d'ascendant vis-à-vis des masses nationales. Elle doit être alors d'un bien faible secours pour le gouvernement. Je la remplacerais par un sénat, élu comme les députés, à la différence que les électeurs directs se réuniraient par arrondissemens électoraux de cent cinquante mille ames de population, et ne pourraient choisir les sénateurs que parmi les imposés de cinq cents francs au moins.

Le Roi serait en droit de présenter à l'acceptation des sénateurs élus ou admis, cent candidats qu'il prendrait dans quelle position que ce fût, et qui, probablement, seraient toujours des personnages remarquables, que n'auraient pu élire un collége, parce qu'il arrive souvent que telle contrée, les grandes villes surtout, renferment plusieurs personnages de cette espèce. Un autre avantage résulterait de ces présentations ; l'influence royale en serait mieux affermie et plus popularisée, car elle aurait à manifester l'union et l'accord les plus intimes avec le pouvoir électoral, chaque fois que ses candidats présentés seraient admis par les sénateurs élus, et, sans nul doute, elle ne présenterait jamais des candidats qu'au préalable elle ne fut certaine de leur admission.

Les membres du sénat resteraient dix ans en fonctions, et les députés rien que cinq, sauf les cas de dissolution ; il conviendrait qu'ils fussent renouvelés chaque année, les premiers par dixième, et les autres par cinquième.

Peut-être aussi faudrait-il, afin de mieux effacer tout souvenir, indice d'un retour vers le régime féodal, désigner les sénateurs par l'appellation de *Deputé-sénateur*, et nommer *Députés-tribuns* les membres de l'autre branche élue du corps législatif. J'adopterais le **mot** *Tribun*, quand ce ne serait que pour éviter le néologisme, toujours déplaisant ; et d'ailleurs les *Tribuns*, à Rome, étaient des mandataires choisis parmi toutes les *Tribus* réunies ; ceux que je propose d'établir en France auraient, à peu de chose près, quant à l'origine, le même caractère. Les sénateurs tels que je les institue seraient les représentans et les défenseurs de tous les hommes appartenant aux classes élevées par le talent, par la fortune ou par l'illustration. Le sénat et le tribunat devraient se composer chacun d'environ trois cents membres.

Avec un système électif comme celui dont je viens d'offrir l'esquisse rapide, tous les vœux et tous les intérêts de chacune des classes de la société, ont leur part d'influence et de représentation (I).

Tout marche dans un continuel accord, tout se lie, tout s'harmonise, en quelque sorte, par l'opération préalable des électeurs primaires, qui choisiront, sous telle ou telle réserve, les électeurs directs, et qui, ne pouvant les prendre parmi les petits contribuables, si souvent le jouet des démagogues, seront vivement intéressés à choisir ces électeurs directs dans le petit **nombre** d'hommes à la fois habiles, d'une impartialité avérée, et jouissant d'une fortune indépendante. De cette façon, nul antagonisme nuisible au repos public n'est à craindre entre les corps élus. Le monopole d'aucune classe ne sera pas non plus à redouter : on arrêtera ainsi le penchant vers la domination qui anime si fortement les classes élevées; on écartera dans celles appelées moyennes, les hommes que la corruption serait le plus susceptible d'envahir, et finalement la démocratie, par les criblures qui l'atteindront, ne pourra jamais faire prédominer des nécessiteux, des intriguans ou des médiocrités avides (J).

Il est très essentiel de remarquer ici qu'à la faveur des combinaisons du genre de celles que je viens d'exposer, le gouvernement, affranchi de l'influence exclusive et pernicieuse des classes hautes ou moyennes, débarrassé des hommes calculateurs qui, tout en exploitant la démocratie, font des systèmes politiques un moyen de fortune, établi enfin sur une base large, et demeurant sans cesse défendu par le concours solidaire de trois ou quatre millions de citoyens, ne se verrait plus, désormais, l'unique point de mire des partis, des démagogues et de l'étranger.

Pour plus de sûreté encore, je voudrais une loi sévère contre l'intrigue, ce vice ulcéreux des gouvernemens représentatifs, qui n'a jamais été combattu chez nous par aucune sorte de répression, tant nous sommes novices, en fait de liberté pratique (K).

Je voudrais que la presse mise dorénavent sous la tutelle impartiale du chef de l'état et des élus de quatre millions de citoyens, ne put jamais devenir ni un monopôle au seul bénéfice du pouvoir exécutif, (1) ni une arme banale à la discrétion des esprits malades ou envénimés et des corrupteurs de l'opinion publique. On pourrait comparer la presse à l'officine des pharmacies: l'une affecte l'esprit, l'autre le corps; toutes deux élaborent des venins très subtils et les baumes les plus bienfaisans ; toutes deux ont également besoin d'une rigoureuse et prudente surveillance.

Je voudrais que les trois pouvoirs législatifs eussent le droit de créer temporairement une haute cour nationale et des tribunaux exceptionnels.

Je voudrais que le roi pût changer librement ses ministres, sans être obligé d'avoir l'autorisation ou la signature de l'un d'eux.

Je voudrais enfin qu'on divisât le budget en partie ordinaire et en partie extraordinaire; la première serait

---

(1) Comment se fait-il qn'on n'ait jamais aperçu pour la presse, que deux manières d'exister : la censure, au seul bénéfice du pouvoir exécutif, ou la liberté illimitée, sauf quelques mesures peu efficaces ou peu loyales de répression ?

On a bien essayé, à certaines époques, de combiner des systèmes préventifs ; mais, dans ces infructueuses tentatives, on ne sut jamais sortir de la censure, exercée par des agens ministériels ; censure plus pernicieuse, peut-être, que la liberté illimitée, qui cependant l'est beaucoup.

Dans tout état de choses, le meilleur parti à prendre me paraît être d'établir une surveillance préventive, dont les agens seraient choisis, non par le pouvoir exécutif tout seul, mais bien par la réunion des pouvoirs qui créent les lois et qui décident les plus hautes questions d'intérêt public.

percevable de droit, ainsi qu'il en est de la liste civile ; dans la partie ordinaire seraient comprises toutes les dépenses fixées par une loi; pour modifier la dépense, il faudrait modifier la loi y relative. La nation aurait toujours une suffisante garantie contre les abus, en soumettant les ministres à une responsabilité, qui ne serait jamais illusoire devant l'accusation des élus réels de quatre millions de citoyens, et devant la composition rigoureuse d'une haute cour nationale.

A ces lois constitutives, j'en ajouterais, pour couronner l'œuvre, deux autres bien importantes, et de la plus grande utilité : l'une d'elles fixerait le moyen d'établir et de faire cesser, lorsque besoin serait, une dictature, dans la personne du Roi (1); l'autre ordonne-

---

(1) Voici l'opinion de Machiavel sur ce sujet :

Il s'exprime ainsi : *Sans une institution de cette nature (la dictature) un état ne peut que difficilement échapper à des secousses extraordinaires..... Quand une pareille institution manque, il faut, en suivant les voies ordinaires, voir la constitution périr, ou bien s'en écarter pour la sauver...... Mais, l'habitude de la violer pour faire le bien, autorise ensuite à la violer pour colorer le mal.* Il faut donc pouvoir, au besoin, établir une dictature, et, suivant les termes propres de Machiavel, *tenir ce remède toujours prêt.* Le célèbre publiciste de Florence ajoute encore :

Les républiques, qui, dans les dangers imminens n'ont pas recours, ou à un dictateur, ou à de pareils magistrats, doivent y périr infailliblement. (Discours sur Tite-Live, liv. 1, ch. 34.)

République doit s'entendre ici de tout gouvernement démocratique ou melangé de démocratie et de monarchie, comme était la république de Sparte, ou comme sont les gouvernemens représentatifs de nos temps modernes.

rait la formation et la réunion tous les dix ans, d'un congrès ou pouvoir constituant, dont la mission unique serait de modifier la constitution, et d'élire un monarque, aussitôt qu'arriverait l'extinction des mâles, dans la famille royale. Tout congrès ne pourrait subsister plus de trois mois, à partir de la première séance. Les membres du congrès seraient élus, les uns par des colléges électoraux, à raison d'un par trois cent mille âmes de population ; d'autres par chacune des branches élues du corps législatif ; d'autres enfin, seraient directement nommés par le Roi (L).

J'observe ici que les dictatures sont quelquefois inévitables : lorsqu'elles s'imposent de leur propre mouvement, il faut ensuite des révolutions pour les détruire : il en est de même des constitutions que le législateur voudrait éterniser jusques dans leurs moindres parties, tandis que rien n'est immuable dans ce bas-monde. La prudence nous invite donc à prévoir et à régler pour l'avenir les cas où il serait absolument nécessaire d'introduire une dictature, et celui où il faudrait modifier la constitution.

Certaines personnes réclament, avant toute chose, une fixité inexorable dans les institutions ; mais cette fixité n'est bonne que pour empêcher l'abus des changemens : par elle-même, elle ne peut que produire inaction, vide ou absence de tout progrès. Avant de réclamer la fixité des institutions, il faut être bien certain que celles qu'on voudrait immobiliser sont réellement favorables ; on n'aboutirait autrement qu'à la fixité du mal ; et ce serait bien le cas, avec les institutions électorales qui régissent aujourd'hui la France.

La fixité la plus désirable serait celle qui établirait un moyen constitutionnel et régulier de faire toujours concorder les institutions d'un pays avec la variabilité inévitable des mœurs, des intérêts sociaux, des productions terrestres et des effets de l'industrie humaine. Tout autre fixité ne pourrait être qu'une sorte de ver rongeur, ou une cause permanente de dépérissement.

Je sais tout ce qu'amènerait de difficile et peut-être de hasardeux la mise en pratique des innovations que je propose. Mais il y a moyen de préparer les voies; telle chose inexécutable de suite, et dans son entier, peut fort bien être opérée avec le temps , ou d'une façon graduelle, partie à telle époque et partie à une autre; l'essentiel est que le gouvernement de la France ne perde pas de vue les innovations dont il s'agit; qu'il les médite avec constance , et qu'il converge sans cesse avec courage autour de leur accomplissement futur (M). La pire de toutes les alternatives pour lui , serait de rester dans la situation précaire où il se trouve maintenant.

Si on objectait qu'aujourd'hui la branche élue du corps législatif refuserait peut-être de se prêter à la réforme des abus, dont elle semble recueillir tout le bénéfice , je répondrais qu'il faut avoir plus de foi dans la moralité du cœur humain : nombre d'électeurs ou d'élus, sans faire des calculs avides, sans trop se rendre compte du système qu'ils favorisent, sans apercevoir même la plupart de ses vices , peuvent profiter d'un ordre de choses qu'ils n'ont pas établi, et qu'ils ne sauraient probablement de quelle façon améliorer ; mais nous de-

vous croire que dès l'instant où, sous ce rapport, des lumières soudaines viendront les frapper, ils abjureront
toute idée de privilége, et, sans nul doute, on les verra
sacrifier loyalement au bien public le monopole avan-
tageux dont ils jouissent : pour obtenir un tel résultat,
il suffit de les éclairer et de les convaincre.

* * *

L'ensemble des combinaisons que tracent brièvement
les pages précédentes, forme le sujet d'un volume étendu, dans lequel je développe toutes mes idées, m'atta-
chant surtout à les environner de preuves et d'argumens,
puisés, les uns et les autres, soit dans l'histoire des peuples, soit dans le spectacle si instructif des révolutions
survenues en France depuis 1789, soit enfin, dans les
immortels ouvrages des meilleurs publicistes anciens et
modernes.

Le cadre que j'ai adopté m'a conduit à plusieurs recherches importantes, que m'empêche de mentionner la
forme étroite du Précis que je place, en ce moment, sous
les yeux de mes lecteurs. Ces recherches ont pour objet,
par exemple, l'incapacité absolue, en politique, des pro-
létaires, ou de l'ochlocratie, l'excellence du droit sacré
de propriété que rien ne doit restreindre (N), et le
grand avantage qu'il y aurait à donner une indemnité pécuniaire aux législateurs de quelque espèce qu'ils
soient. Cette indemnité, sous le nom de dotation, pourrait
être assimilée à la liste civile, et votée pour toute la durée d'un règne (O).

Quelques lecteurs voyant la forte conviction que je ressens en faveur du système politique exposé dans cet écrit, se demanderont peut-être pourquoi, jusqu'à ce jour, je n'ai fait aucun effort tendant à mettre ma personne ou mes idées en crédit, et à solliciter, par exemple, quelque mission de député. Sur ce dernier point, je répondrai d'abord, qu'il me serait impossible, malgré mes douze cents francs d'impôts, de vivre convenablement à Paris six mois de l'année, et de tenir, en même temps, ma maison ouverte dans la province, où j'ai une famille assez nombreuse; et puis, je reconnais qu'il faut que chacun ici bas subisse docilement sa destinée. Dieu a gravé au fond de mon âme une sorte de religion politique, de laquelle il résulte que j'ai toujours eu le plus vif éloignement à solliciter la confiance d'autrui (P). Pour me faire dévier de ces principes austères, il faudrait que la France fut sur le bord d'un précipice, et certes, elle n'en est pas encore là.

Sous d'autres rapports, je n'ai jamais épousé les prétentions exclusives d'aucun parti, ni d'aucun intérêt local; dès lors, et avec l'esprit public des temps actuels, je trouverais difficilement un collége qui voulut m'élire. Je crois être de ces hommes qui ne peuvent guère espérer des suffrages favorables à l'espèce de sentimens politiques, à moi particuliers, que lorsque les partis rivaux entr'eux et jaloux l'un de l'autre, viendront à se fondre entièrement dans un grand intérêt national. Je peux avoir des amis privés en nombre satisfaisant; mais beaucoup moins de ceux qu'on appelle par le temps qui court, *des amis politiques*. Peut-être même quelques hommes éminens m'honorent-ils de leur estime, quoique n'approuvant pas, sur plusieurs points essentiels, mes idées politiques. Au demeurant, si je suis destiné à ne jouer aucun rôle actif dans la direction des affaires de l'état, il me reste l'espoir de payer suffisamment le tribut que chaque citoyen doit de ses facultés à la chose publique, de le payer en soumettant l'exposé de mes vues amélioratrices aux personnes qui voudront bien me lire, et que je choisis parmi celles qui me semblent les plus aptes à juger ces sortes de questions.

Les motifs qui m'ont décidé, avec le plus de force, à faire connaître prématurément les combinaisons politiques développées dans le présent écrit, ces motifs proviennent de ce que des cris de réforme électorale se font entendre aujourd'hui sur plusieurs points de la France, et que nulle part je ne vois l'annonce d'un système politique, préférable à celui qui de nos jours est en usage, et que je trouve si abusif cependant par l'injuste faveur qu'il accorde, ou par le monopole qu'il assure aux contribuables de classe moyenne.

Le travail, quelqu'imparfait qu'il soit, et que je présente à mes lecteurs, aura du moins le mérite assez rare d'offrir des vues neuves et profondément réfléchies : à de tels égards, il me semble digne d'un examen attentif et sérieux. Quant à mon opinion intime sur le système qu'exposent les pages précédentes, j'ai la ferme croyance que si on venait à le mettre en pratique, il réaliserait la forme de gouvernement la plus avantageuse qu'on puisse espérer, et la mieux applicable à la situation actuelle, ainsi qu'à l'avenir de la France. Je ne me suis complu, sous aucun rapport, à créer des utopies chimériques; l'expérience, l'observation et le vaste échiquier où se meuvent les hommes et les choses, m'ont toujours servi de régulateur et de base : le platonisme, ainsi que je l'ai déjà dit, ne fut jamais l'objet de mes prédilections exclusives.

Quoiqu'il en puisse être de ma façon de procéder dans les recherches auxquelles je me livre, il faudrait, pour bien connaître mon système et mes idées, lire l'ouvrage principal dans lequel ils se trouvent développés; il faudrait prêter à cet ouvrage une attention soutenue, et le méditer d'un bout à l'autre : avec lui tout se lie, tout s'enchaîne, de telle sorte que la suppression d'une seule de ses parties essentielles désorganiserait toutes les autres. Je n'admettrais point, par exemple, le principe de la dictature, ni la tutelle de la presse, si une loi électorale appelait moins de trois millions d'électeurs, et si elle n'était pas combinée de manière à garantir les intérêts de toutes les classes de la société.

D'autre part, il est si vrai que mon système a besoin d'être connu dans tous ses développemens, qu'un seul passage du livre principal, qu'une simple observation, corroborent quelquefois et rendent indubitables les questions les plus graves par elles-mêmes, et qui, cependant, pourraient laisser quelque incertitude, si on se bornait à un examen trop incomplet de mon grand ouvrage, ou du système qu'il renferme.

Des questions de ce genre sont celles qui se rattachent à la haute nécessité d'un pouvoir monarchique, aussi ferme qu'étendu, chez toute vieille nation; et celles qui démontrent la possibilité de maintenir constamment une alliance intime et salutaire entre ce pouvoir et les libertés publiques. Résumant ici toutes les idées que renferme le présent écrit, je dirai : la position géographique de la France, ses mœurs, son caractère et ses besoins exigent, par-dessus toute chose, qu'elle vive sous l'influence d'une monarchie forte, puissante, respectée, et marchant de concert avec le système représentatif, qu'il faut envisager comme excellent pour empêcher le mal, quoique très inefficace lorsqu'il s'agit de créer le bien. *La pluralité*, observe Pascal, *est la meilleure voie, parce qu'elle a la force pour se faire obéir, cependant c'est l'avis des moins habiles.* (Pens. 1.re part., art. 9.)

Je dirai encore, si les mœurs publiques venaient à être assez corrompues et assez dépravées pour ne donner, avec quelque système électif que ce fut, même avec celui des électeurs primaires à vingt francs d'impôts, que des choix peu satisfaisans de législateurs, alors, le meilleur parti à prendre serait d'appeler en aide la dictature, et de la maintenir jusqu'à ce que la grande majorité des citoyens, retrempée ou ravisée par les rigueurs de ce pouvoir absolu, fasse un retour salutaire vers des sentimens qui puissent la rendre, en toute occasion, intègre, loyale, probe et sincère dans son patriotisme. Il est bien positif que la plus nuisible et la plus périlleuse existence sociale, pour un peuple, est celle où il exercerait des droits politiques sans avoir les hautes vertus, qu'exigent d'aussi importantes attributions.

Quelques publicistes, trop confians, prétendent que les peuples corrompus s'éclairent ou se corrigent beaucoup mieux en restant libres; je ne partage pas cette opinion, j'ai même la forte croyance que, loin de se corriger à un tel jeu, ils y périraient plutôt; je n'en veux d'autres preuves que les démembremens de la Pologne en 1774, 1793 et 1795. Montesquieu, vers la fin de l'*Esprit des Lois*, s'écrie, d'après Virgile : *Italiam! Italiam!* Tout faible que je suis, j'ose imiter en ce moment notre grand publiciste; comme lui, quoique à d'autres égards, je termine par une exclamation mes laborieuses recherches, et, m'adressant aux peuples qui veulent être libres, lorsqu'ils n'ont pas toutes les vertus civiles qu'exige l'état de liberté, je fais retentir au-devant d'eux ce cri d'avertissement :

LA POLOGNE !!!   LA POLOGNE !!!

NOTES.

NOTES.

Afin de pouvoir définir avec plus de clarté le système qu'expose ce Précis, j'ai rejeté dans les Notes suivantes nombre d'explications, qu'il m'a semblé indispensable, pour le moment, de mettre sous les yeux du lecteur : il va sans dire que mon grand ouvrage renferme, sur les mêmes questions, des développemens beaucoup plus amples et plus variés.

Note A, page 5.

Je considère l'organisation impériale comme ayant été, jusqu'à 1814, une forme exceptionnelle de gouvernement, une sorte de dictature temporaire, nécessitée par les circonstances où se trouvait alors l'Europe. Napoléon, sans cesse animé par les plus lumineuses et les plus bienfaisantes inspirations de prospérité publique, avait pour but, dans ses guerres comme dans ses moyens de gouvernement, d'éteindre ou d'anéantir le principe féodal de la distinction des races : il ne voulait reconnaître, à l'exemple de l'ancienne Rome, que les distinctions fondées sur le mérite, les seules que justifie l'intérêt public, et auxquelles peut prétendre tout citoyen, dans quelque rang qu'il soit né, pourvu qu'il possède une suffisante mesure d'intelligence, de courage ou de vertu.

Napoléon, après sa chute, ne pouvait avoir et n'eut réellement des détracteurs que parmi les ambitieux, au service de tout gouvernement quel qu'il soit ; parmi les partisans de l'ancien régime ; parmi ceux d'une république illusoire ; et enfin, parmi les médiocrités de toute classe, qui ressentent constamment les plus déraisonnables ardeurs d'élévation.

Note B, page 7.

Le gouvernement de Juillet se plaça, au début, entre l'ancien régime et une démocratie envahissante ; il voulut satisfaire tour à tour l'un et l'autre. Ce milieu ne pouvait qu'être funeste ; il eut été préférable de rester tout à fait en dehors, et de manifester un égal éloignement pour deux ordres de choses que repousse la grande majorité des Français, et qui seront toujours incompatibles avec la prospérité durable de la France. Il faut à celle-ci l'égalité des droits et une monarchie assez forte, assez maîtresse de ses actions pour qu'elle puisse distribuer les honneurs et les emplois publics, selon le mérite ou les vertus des postulans.

Je loue avec sincérité le gouvernement de Juillet, des efforts qu'il a faits pour réprimer les fauteurs de guerres civiles ou de révolutions nouvelles, sous quelque bannière qu'ils aient apparu : cependant, s'il mérite des éloges à cet égard, ne pourrait-on pas lui faire le reproche d'avoir, quoique involontairement sans doute, provoqué la rébellion, en donnant des sujets d'espérance trop excitans aux partis rivaux, qui dès-lors ne mirent aucune borne à leurs désirs ambitieux.

Il n'a pas assez reconnu que l'ancienne aristocratie fera longtemps encore des vœux pour le retour du régime aboli en 1789, et que la démocratie renferme nombre d'individus plus avides, plus ex-

clusifs et plus envieux, que ne peuvent jamais l'être les hommes
haut placés par le talent, par la fortune ou par l'illustration. Si
on ajoute à ces fermens de discorde, l'élection directe, adoptée imprudemment pour toute sorte d'opération électorale, et
assurant ainsi un monopole aux moins imposés de chaque liste ;
si on ajoute encore l'intrigue et la presse livrées à elles-mêmes,
sans avoir à subir ni frein ni surveillance effective, nous aper-
cevrons que toutes ces causes réunies ont gravement perverti,
de nos jours, l'opinion publique, l'influence des vertus civiles,
et les rapports du gouvernement avec les citoyens.

Note C, *page* 8.

Les races dont il s'agit ici trouvent, pour conserver leur suprématie, un grand avantage, en ce que les individus qui les
composent sont, par excellence, loyaux, généreux et désintéressés : le type de l'honneur se rencontre plus particulièrement
chez eux ; il en résulte qu'ils inspirent, à beaucoup d'égards,
une plus grande confiance, d'autant que, la plupart d'entre
eux sont riches ou aisés ; ce qui forme une condition essentielle,
pour manier avec succès les affaires publiques Tout artisan de
sa propre fortune est dominé par certaines habitudes d'esprit,
qui le font pencher trop souvent vers l'amour du gain. Ces habitudes préjudicient toujours à l'intérêt général ; elles affaiblis-
sent, d'ailleurs, la considération personnelle de l'homme qui les
manifeste et le rendent peu apte à coopérer au bien public. Les
masses aperçoivent et comprennent très bien ces vices d'esprit
ou de position, d'où il suit que fort souvent elles éprouvent,
pour les hommes qui en sont atteints, une certaine répugnance,
toutes les fois qu'il s'agit de les voir exercer l'espèce de fonctions publiques, qui réclament la plus rigide impartialité, et le
plus loyal désintéressement. Elles préfèrent alors que ces fonc-

tions soient confiées à des personnages riches de longue date,
pourvu cependant qu'ils ne se laissent jamais envahir par de
choquantes inspirations d'orgueil, de vanité, de suffisance pa-
tricienne, de despotisme aristocratique ou d'ambition insatia-
ble.

Note D, page 13.

Il convient de noter ici qu'un système appelant trois et quatre
millions d'électeurs, pour concourir à la formation du corps législatif, permettrait d'abroger toutes ces lois intempestives d'é-
lections secondaires, concernant la garde nationale et les divers
conseils locaux de département et de commune ; lois surabon-
dantes, auxquelles ne tiennent les petits contribuables, que par
le dépit que leur cause le cens privilégié de deux cents francs ;
lois évidemment contradictoires avec les vrais principes de la
monarchie représentative, qui donnent au Roi la pleine puissance de nommer, comme il le veut, à tous les emplois civils
et militaires, afin que l'administration publique ne reçoive jamais deux impulsions opposées ; lois enfin qui, déchaînant toutes les passions démagogiques, envie, jalousie et maladroite ardeur de s'élever au-dessus du commun, provoquent dans
chaque ville ou bourgade, un antagonisme désorganisateur, et
portent ainsi le trouble, le désordre et une incessante confusion
dans tous les rapports des gouvernans avec les gouvernés. Qu'a-
t-on pu remarquer à des époques récentes, lorsqu'il s'est agi d'é-
lections secondaires? On n'a pas toujours choisi les hommes les plus
aptes à la chose, mais plutôt des sectaires dévoués à tel ou tel
parti.

Lorsque le pouvoir absolu du monarque, lorsque les droits
féodaux et les justices seigneuriales existaient en France, la liberté des communes devait produire quelques avantages réels ;
mais lui donner exactement de nos jours les formes qu'elle avait
jadis, me paraît le plus bizarre anachronisme et le plus grossier
contre-sens qu'il soit possible d'imaginer ; ce serait d'ailleurs une

superfétation très nuisible à la saine vitalité du corps social.
Les communes, avec mon système, sont plus qu'affranchies,
elles coopèrent, par leurs délégués, à la confection des lois de
l'état. Les intérêts communaux ou départementaux auront une
garantie suffisante dans le concours de trois ou quatre millions de
citoyens, à l'effet d'élire des législateurs ; toute autre opération
électorale n'offrira que la parodie aussi choquante que pernicieuse des graves et utiles débats du corps législatifs.

L'ancienne Rome laissait aux municipalités lointaines le soin de
s'administrer à leur guise ; mais aussi elle ne les associa jamais,
par elles-mêmes ou par des délégués, à la direction première des
grands intérêts de l'état.

Note E, *page* 14.

Je ne veux, en aucune façon, me constituer ici l'apologiste et
encore moins le détracteur du parti que les journées de juillet
1830, privèrent de toute influence politique. Je reconnais
tout ce que renferme d'utile et de salutaire le principe de la lé-
gitimité : cependant il est notoire que les hommes réputés na-
guère pour être en France les plus fermes défenseurs de ce principe, ont malheureusement failli dans la réalisation de leurs
idées ; ils compromirent ce même principe, en le faisant servir
trop souvent à protéger le retour de quelques vieux usages, incompatibles avec les habitudes d'égalité, si chères et si précieuses aux Français, depuis la brillante rénovation de 1789.

Les défenseurs zélés du principe en question, persévéreraient-
ils dans leurs erreurs, s'ils redevenaient influens ? Il est probable que non : néanmoins, leur conduite passée est de nature à
exciter vivement, pour l'avenir, la défiance des masses, et ,sur ce
point, en supposant même qu'ils eussent les meilleures intentions,
ils seraient long-tems encore une cause active de perturbations, et
de plus, ils deviendraient fréquemment un prétexte dont se

serviraient les factieux de toute espèce, pour fomenter des discordes civiles capables, tant que durera l'état actuel des esprits,
d'amener les plus désastreuses révolutions.

Quoiqu'il en soit des conjectures qui précèdent, toujours me
paraît-il certain que la France resterait exposée à de très péril-
leux hasards, si la dynastie d'Orléans venait à être renversée,
et si, gardant le pouvoir, elle négligeait de lui donner l'appui
d'une masse imposante d'électeurs.

Que cette dynastie ne perde pas un seul instant de vue qu'elle
a devant elle un concurrent très redoutable dans le dernier re-
jeton de la branche aînée des Bourbons. Celui-ci doit, sans
doute, nous apparaître maintenant comme un symbole d'ancien régime et de retour aux principes de caste ou de féodalité;
mais les idées, en politique et partout ailleurs, sont variables de
leur nature; lui-même conservera-t-il toujours celles que nous
lui croyons en ce moment? Et qui oserait assurer qu'il n'offrira
pas quelque jour des garanties suffisantes, pour contenter les
plus rigides partisans de l'égalité des droits politiques. Il a de
plus l'avantage inappréciable de rallier à sa cause un parti et des
hommes qui, par leur position dans le monde et par leurs an-
técédens, donneront sans cesse des gages brillans et certains
d'honneur, de loyauté, de désintéressement et de vive ardeur
pour rehausser la gloire du nom Français.

Note F, *page* 16.

Dans nos tems modernes, on confond assez communément
l'espèce de classe moyenne, appelée autrefois tiers-état ou bourgeoisie, et qui forme un intermédiaire entre la noblesse des
tems passés, et la classe nombreuse d'individus qui ne reçoit aucune espèce d'éducation, sous des rapports d'urbanité; on confond cette classe moyenne avec une autre qu'il convient aussi

de qualifier du titre de moyenne ; mais seulement pour ce qui est relatif aux divers degrés d'intelligence ou de fortune : celle-ci, mélange réel de nobles et de roturiers, me semble caractérisée par deux ou trois mille francs environ de revenu, joints à un médiocre savoir. Ses lumières sont d'une faible portée, car les vrais talens ne lui appartiennent pas, ils se classent naturellement dans les rangs supérieurs.

Mais les fortunes moyennes et les moyennes intelligences forment, par le fait, une constante majorité dans tous les colléges qu'institue la loi électorale actuelle : de là viennent le malaise et la langueur qui, sous plusieurs rapports, affectent aujourd'hui le gouvernement de la France. Les médiocrités appellent ou préfèrent toujours des médiocrités, tant elles craignent d'être éclipsées. L'ignorance n'a jamais autant d'ambition et n'est pas aussi présomptueuse ; avec elle on peut mieux espérer que le mérite sera toujours choisi, pourvu cependant qu'elle soit mise à l'abri des intrigues démagogiques.

Rien ne serait aujourd'hui plus salutaire à la France que de voir son gouvernement affranchi du monopole et de la domination des classes moyennes, que favorise indûment la loi électorale actuelle.

Je ne crois pas cependant qu'il faille les exclure tout à fait du pouvoir ; elles ont des intérêts avouables et justes que la législation doit protéger ; d'un autre côté, elles renferment dans leur sein nombre d'hommes loyaux et désintéressés, dont les colléges primaires sauront faire le triage. L'essentiel est qu'elles n'aient point le monopole exclusif de la part de puissance législative, que la constitution réserve pour l'ensemble des citoyens.

Quant à l'espèce de classe moyenne qu'on nomme aussi bourgeoisie ou tiers-état, et qu'on ferait marcher à la suite de celle dite noble, toutes ces distinctions, à l'époque actuelle, sont autant de vieilleries qui n'ont plus la moindre valeur, surtout lorsqu'il s'agit de tracer des bases d'organisation politique ; vieilleries d'ailleurs que repoussent la presque totalité des Français, et que peuvent seulement admettre, comme partie intégrante d'une constitution , des esprits encore obsédés par le souvenir d'un régime aboli sans retour parmi nous , depuis bientôt un demi siècle.

Note G, page 19.

Il ne faut jamais perdre de vue, en politique, les trois vérités de fait que voici : l'aristocratie (j'appelle ainsi les supériorités de fortune, d'intelligence ou d'illustration) l'aristocratie, dis-je, communément satisfaite sous le rapport des richesses matérielles, se borne à convoiter une domination oppressive, mais régulière : les positions moyennes , moins bien pourvues, resteront toujours plus accessibles que d'autres à la corruption, et la démocratie , jugeant les choses à tort et à travers, ressentira constamment le vif désir d'usurper , d'un premier saut, et d'exercer despotiquement ensuite le pouvoir souverain , en déployant avec audace la force inintelligente et brutale du nombre ou des bras. Les hommes sont ainsi faits : chacun d'eux et chacune des classes de la société ont leur part, quelqu'inégale qu'elle soit, des vices funestes qui dérivent probablement du péché originel ; mais, par un bonheur dont nous devons nous féliciter sans cesse, les vices en question peuvent être neutralisés ou fortement amoindris.

Plusieurs correctifs existent à cet effet; les institutions politiques me paraissent l'un des plus efficaces qu'on puisse employer ; il faut qu'elles élèvent des barrières insurmontables contre l'envahissement des vices ou des travers que j'indique plus haut.

Le négoce des suffrages est maintenant une action quasi publique et avouée sans rougeur ; combien de personnes autour de nous et qui tiennent, à fort peu de chose près, ce langage assez naïf : *Je ne peux refuser mon vote à un tel ; je lui ai trop d'obligations.* L'intérêt public ou le mérite des candidats figure alors

en seconde ligue : on ne solde pas avec du numéraire, je veux
le croire, mais les fonctions publiques sont données à la faveur
plutôt qu'au talent et à la vertu : on achète des villes et des communes entières, au prix d'un chemin, d'un pont, d'un clocher
ou d'une garnison ; nombre d'électeurs poussent même la finesse
jusqu'à se prévaloir de ces faveurs, localement publiques, pour
justifier ou masquer l'ardeur solliciteuse qu'ils éprouvent, à l'effet d'obtenir des emplois honorifiques ou lucratifs. Ce que les
électeurs font auprès de leurs élus, ceux-ci le continuent auprès
des ministres ; il s'ensuit que la majeure partie des suffrages est
mise à prix, et que les lois d'intérêt général sont abandonnées
au libre arbitre du pouvoir exécutif. Il y a encore ceci de parti-
culier, c'est que la plupart des hommes qu'on dit faire de l'op-
position, n'aspirent, en général, qu'à se mettre au lieu et
place des favoris du pouvoir, en changeant, bien entendu, de
ministère, peut-être même, pour quelques-uns, de formes gouvernementales ou de dynastie.

Tout n'est pas corruption, je le sais très bien, sans quoi ni
gouvernement, ni existence sociale ne pourraient durer huit
jours : les assemblées politiques, les gouvernans et les partis
s'occupent beaucoup plus d'intérêts publics que d'intérêts privés;
néanmoins ceux-ci prévalent un assez grand nombre de fois,
pour que la prospérité de l'état en souffre gravement, et pour
que l'exclamation mise par Salluste dans la bouche de Jugurtha,
puisse, avec à propos, être appliquée au corps d'électeurs et
d'élus, dont une fatale majorité compromet aujourd'hui le repos et le bonheur de la France. *Urbem venalem et maturè pe-
rituram, si emptorem invenerit !*

Note H, page 22.

Si de nos jours, on donnait, pour élire les membres du corps législatif, un droit de suffrage à des contribuables en-dessous de

deux cents francs, et, qu'en même tems, on s'obstinât à maintenir l'élection directe, on ne ferait qu'aggraver le mal : les moins imposés formeraient toujours la majorité, et deviendraient arbitres souverains des lois. D'un autre côté, plus, avec l'élection directe, on descendrait vers les infinimens petits contribuables, plus on s'exposerait à de funestes désordres ; on rencontrerait toujours moins de lumières et moins d'indépendance de position ; dès-lors, les intrigans et les démagogues pourraient plus facilement séduire, tromper et corrompre. Je n'accuse pas ici la masse des citoyens qui se trouvent placés dans les rangs inférieurs, par la fortune et par l'intelligence : je sais qu'ils sont naturellement bons, qu'ils préfèrent l'ordre au désordre, et qu'à ce titre, leur bien-être doit sans cesse occuper l'administration publique ; mais j'affirme que leur simplicité est si grande, et que, dans les temps de calme, leur insouciance en politique est si profonde, que jamais, livrés qu'ils soient à eux mêmes et sans secours, ils ne pourront éviter d'être les dupes ou les victimes des démagogues ou des ambitieux de toute espèce. Ceux-ci pareillement, et à bien voir les choses, ne sont pas aussi blamables, ni aussi dépravés qu'ils le paraissent ; leurs vices ou leurs travers proviennent en grande partie du fait des mauvaises lois : ayez en de bonnes, ils seront tous ou presque tous d'excellens citoyens.

Il faut donc que les institutions éclairent, secourent et protégent ces faibles citoyens, intrigans ou intrigués, meneurs ou menés, et qu'elles leur tracent des directions tutélaires dont ils ne puissent dans aucune circonstance librement s'écarter. L'élection à deux degrés, telle que je la combine, deviendra, sous tous ces rapports, la marche la plus avantageuse à suivre.

Les constitutions de 91 et de 95 admirent bien les deux degrés, mais elles donnèrent trop de latitude aux électeurs primaires qui, dès-lors, furent poussés à choisir fréquemment les mandataires directs parmi des nécessiteux, des perturbateurs ou des ignorans ; aussi, vit-on arriver sur le siège législatif cette foule de despotes inhabiles ou pusillanimes qui tolerèrent trop

long-temps les Marat et les Collot-d'Harbois. Mes électeurs
primaires, à l'abri de tout tumulte, lorsqu'ils ne seront jamais
plus de cent dans un collège, ne pouvant, d'un autre côté, choisir les électeurs directs que parmi les contribuables de trois
cents francs au moins, et devant exprimer leurs suffrages à
haute voix, se verront amenés, de cette sorte, par une pente
irrésistible, à faire tomber leurs votes sur les hommes jouissant de la meilleure réputation d'intégrité et de droiture.

A d'autres égards, je pense que l'homme qui ne contribue pas
aux charges publiques pour la minime somme de vingt francs,
doit être écarté de tout concours électoral. La position dépen-
dante et nécessiteuse où il se trouve suffirait seule pour l'exclure totalement, quelque droit naturel qu'il puisse avoir, car un
droit reste dans les plus futiles idéalités, lorsqu'il se refuse à
toute application avantageuse, soit dans l'intérêt de ceux qui
exercent, soit dans celui de la chose publique.

Je n'admettrais pas non plus un système qui donnerait des
droits politiques aux infiniment petits contribuables, afin, di-
rait-on, de mieux favoriser, dans un intérêt public, le dévelop-
pement des facultés intellectuelles qu'apportent certains individus en naissant. Je répondrais à de telles allégations que ces
prétendus génies en herbe doivent avoir un intellect bien étroit,
si, de leur propre mouvement, ils ne sont pas capables d'arriver en peu de jours à la modeste position sociale qui permet de
verser chaque année une faible somme de vingt francs, pour
subvenir aux besoins de l'état; et puis, il serait dangereux,
peut-être, d'aller trop curieusement à la recherche des petits
mérites, si nombreux et si variés.

Pascal a dit : *Le plus grand des maux est les guerres civiles,
elles sont sûres si on veut récompenser le mérite, car tous diraient qu'ils méritent.* (Pens., 1.re part., liv. 8, art. 4.) Il est
donc préférable, sous ce rapport, de laisser les mérites se pous-
ser librement par eux-mêmes, attendant que la raison humaine, que l'amour du bien public, que la commune voix, enfin,
que l'opinion, *reine du monde,* lèvent tous les obstacles qui

pourraient entraver l'homme capable dans la marche qu'il aurait à suivre; et certes, on se ferait une bien pauvre idée de lui, en croyant que l'obligation de payer vingt francs d'impôts, deviendra une barrière trop difficile à franchir, le cas advenant surtout où chaque citoyen contribuerait aux charges publiques selon ses facultés; tout rentier, alors, tout capitaliste, tout fonctionnaire rétribué, donnerait une portion de ses revenus ou émolumens.

Je termine cette note, en observant que le mérite relatif aux sciences et aux arts, doit être régi d'une façon tellement différente de celle qu'on adopterait à l'égard du mérite concernant les choses politiques ou gouvernementales, que ces deux genres de mérite n'ont aucun rapport entr'eux, s'excluent même fort souvent et semblent incompatibles : la conduite de certains hommes qui ont marqué sur la scène du monde, prouve mieux des faits de cette nature, que tous les raisonnemens qu'on pourrait imaginer.

Nul personnage, en effet, ne possède à lui seul la science universelle; il est même très rare qu'un homme réunisse en lui plusieurs facultés brillantes de l'esprit ; tel sera grand poète, savant mathématicien ou philosophe profond, et qui, sur des questions de politique ou d'organisation sociale, n'aura que des idées fausses, incomplètes et quelquefois perturbatrices. A-t-il jamais été possible de réaliser la république de Platon ? Et n'a-t-on pas vu le célèbre astronome Lalande devenir un apôtre d'irréligion et d'athéisme ? Il est vrai de dire que ces diversités de l'intelligence ne sont pas toujours bien aperçues, ni réduites à leur juste valeur par nombre d'organes de l'opinion publique, électeurs ou non, et qui se figurent bénévolement que l'homme supérieur dans une partie des connaissances humaines, doit l'être dans toutes ; ainsi, de cela seul qu'il est bon officier, avocat distingué, industriel, au nombre des plus habiles, on en conclut qu'il doit être excellent législateur. Les courtisans du peuple ne sont pas plus infaillibles que ceux des princes, lorsqu'il s'agit de désigner ou de choisir des fonctionnaires publics :

aussi, combien de fois a-t-on pu dire avec le Figaro de Beaumarchais : *Il fallait un calculateur, ce fut un dansenr qui l'obtient.* (Mariage de Figaro, act. 5, sc. 3.) Chaque époque, chaque âge et chaque siècle ont nécessairement leur part d'erreurs ou de préjugés !

Note I, *page* 25.

Je prie mes lecteurs de croire que je ne fais pas consister toutes les sollicitudes d'un gouvernement, ni même sa plus importante occupation, dans le réglement des intérêts matériels. Je ne leur donne une sorte de primauté que lorsqu'il s'agit de savoir par où doit commencer le travail relatif à l'organisation sociale d'un peuple : dans ce cas seulement, ils peuvent servir de base et d'appui, sans qu'ils acquièrent, pour cela, une préférence constante sur tous autres rapports sociaux. Mais pourquoi devient-il si convenable de faire, des intérêts en question, la première assise où le point de départ de tout gouvernement mélangé de démocratie ? Parce qu'ils sont le ferment le plus actif de troubles graves, de discordes, et quelquefois de guerres intestines, que puissent avoir à redouter les peuples, qui, par eux-mêmes ou par des mandataires élus, coopèrent à leur propre législation. Ces résultats me paraissent aussi réels qu'inévitables : rien ne captive plus fortement les hommes, en général, rien ne les anime avec autant de persistance, que le soin des intérêts matériels ; d'eux, en effet, dérive le principal soutien de la vie ; sans eux la mort serait prompte ; eux seuls, comme le dit une expression vulgaire, fournissent *le vivre* et *le couvert,* et les hommes, avant toute chose, veulent vivre longuement. Sur ce dernier point, les passions ou le fanatisme ne produisent que de très rares exceptions.

Si une fois on parvient à établir accord et régularité entre les intérêts matériels, il deviendra beaucoup plus facile ensuite de cultiver avec succès les belles et précieuses facultés de l'âme, de l'esprit et de l'intelligence. L'espèce humaine, ou pour mieux dire les philosophes qui furent assez influens pour donner l'impulsion première aux idées, ont tour à tour exalté le spiritualisme et le matérialisme : sous ce point de vue, le mouvement intellectuel, dans l'espace des siècles, ressemble parfaitement au jeu de la balançoire, qui, lancée avec trop de force, va sans cesse d'un extrême à l'autre : la véritable sagesse me paraît être ici dans les milieux : l'âme et les sens, l'esprit et la matière ont des affinités inséparables, ils ne peuvent s'exclure en aucune façon, pas plus qu'ils ne sauraient, dans ce bas monde, exister l'un sans l'autre. Les stoïciens voulant se porter conciliateurs entre l'épicuréisme et le platonisme, reconnaissaient dans les sens un principe spirituel ; par contre, il serait raisonnable aussi d'avouer que l'âme se trouve irrésistiblement enchaînée à des besoins matériels, pendant tout le cours de son existence terrestre.

Ne soyons donc ni enthousiastes ni exclusifs ; ne méconnaissons jamais ce que l'utile, ce que les intérêts matériels peuvent avoir d'appréciable et de juste ; cependant, gardons-nous bien de tout ramener vers eux, car ce funeste penchant, si trop nous l'écoutions, nous ravalerait au niveau de la brute. Pareillement, évitons aussi de nous abandonner sans réserve à un spiritualisme prédominateur, dont le dernier terme serait de produire tous les maux qu'enfantent les idées fausses ou exclusives, le fanatisme et les préjugés superstitieux. Des dispositions d'esprit de ce genre, lorsqu'elles se résolvent en réalités pratiques ou positives, sont communément plus pernicieuses que ne sauraient jamais l'être les effets du matérialisme. Il est ici une remarque assez curieuse à faire ; lorsque l'un des deux, spiritualisme ou matérialisme prévaut avec excès, les masses humaines invoquent l'autre à titre de contre-poids ou de contre-poison : c'est par des motifs de ce genre que, sous la restaurauon , les livres si profondément matérialistes et irréligieux de Volney et de Dupuis , obtinrent une vogue nouvelle et momentanée. D'un autre côté , le bel ouvrage intitulé *Génie du christianisme* , fut redevable , en grande partie , de ses premiers et prodigieux succès , à la réaction qui , bientôt après la chute du directoire , se manifesta contre le matérialisme brutal de l'époque.

Certains adeptes du spiritualisme prétendent que pour le gouvernement des sociétés humaines , on ne doit jamais favoriser l'utile ; ils le trouvent abject, repoussant , et une source d'immondes maléfices : les Philamintes de Molière ne tenaient pas un autre langage. Mais que veulent donc admettre et régler ces puritains d'espèce singulière ? Serait-ce le nuisible ? Car, en dehors de ces deux ordres de choses , l'utile et le nuisible , je ne connais rien qui vaille la peine d'être envisagé , on tombe tout à fait dans l'inutile , dans l'abnégation de toute chose ou dans le néant ; c'est comme si , pour répondre à une question quelconque, on ne disait ni oui, ni non.

Proscrire les choses à la fois utiles et malfaisantes ; ne favoriser l'utile que lorsqu'il reste constamment honnête , *honestum,* ainsi que le recommande Cicéron (Offices , liv. 3 , chap. 4), ces deux règles de conduite, si nous savons bien les observer , nous maintiendront sans cesse en harmonie parfaite avec la plus austère sagesse , et seront le plus ferme garant de toute prospérité publique ou privée.

Des vérités qui précèdent il résulte que la meilleure organisation politique sera toujours celle où le réglement équitable et sage des choses utiles , des intérêts matériels, formera la base de l'édifice, tandis que la voûte, la clef, constamment dirigées vers le ciel , auront pour principe élémentaire et constituant les nobles facultés de l'âme, celles de l'intelligence, et, pardessus tout, le feu sacré des sentimens religieux, hors desquels aucune société humaine ne se maintiendra jamais heureuse ni florissante.

J'ai voulu, dans le Précis que je soumets en ce moment au

lecteur, m'occuper seulement des bases indiquées plus haut, du réglement des intérêts matériels, ou, en d'autres termes, combiner un nouveau mécanisme constitutionnel. Quant aux ressort principaux qui feraient mouvoir ce mécanisme ; quant à la voûte et la clef dont je viens de parler sommairement, je ne me suis proposé, en aucune façon, l'examen d'un sujet si grave et si élevé, que je crois, d'ailleurs, au-dessus de mes forces ; et puis je dois avouer, qu'à de tels égards, les lumières vivifiantes de notre civilisation actuelle, me font éprouver une confiance sans bornes.

Sachons d'abord, au moyen d'une constitution politique largement combinée, et qui soit en même temps équitable et prudente, sachons, de cette sorte, régler, contenir et brider au besoin les intérêts matériels ; ce travail une fois achevé, nous parviendrons facilement ensuite à bien coordonner nos devoirs religieux et moraux. Sous ces derniers rapports, les meilleurs enseignemens ne manqueront jamais à qui saura lire et dignement apprécier Bossuet, Pascal, Montesquieu, et les dignes émules que ces grands hommes ont produit.

Note J, page 26.

Machiavel remarque avec justesse (Dis. sur Tit.-Li., l. 2, ch. 22) que la démocratie livrée à elle-même est si jalouse, si envieuse, et d'un autre côté si passionnée pour une extrême égalité, qu'elle éprouve toujours, et comme par instinct, la plus vive répugnance contre tout homme supérieur, à quel titre que ce soit. Le bannissement d'Aristide n'eut pas d'autres causes : aussi voit-on les gouvernemens démocratiques durer fort peu de tems. La démagogie les envahit presque toujours et ne peut que hâter leur fin, parce que dociles aux instigations qu'elle réitère sans cesse, ils repoussent constamment les hommes de mérite, ot n'appellent au pouvoir que des égaux du plus grand nombre, par rapport aux facultés de l'esprit.

Règle générale, la démocratie doit avoir assez d'influence pour défendre les intérêts qui lui sont propres, mais aucune action prépondérante dans la marche des affaires publiques.

J'ai ici une remarque assez importante à faire : lorsque des publicistes subdivisent fictivement par classes les citoyens d'un pays, afin de mieux reconnaître quelles sortes de garanties doivent être données aux divers intérêts collectifs de ces classes, on rencontre fréquemment des niveleurs peu réfléchis, ou atteints de partialité, et qui proclament, avec une imperturbable assurance, *plus de classes*, *plus de distinctions*, *il faut une égalité générale et commune*. Mais en tenant un tel langage, ces hommes veulent sans doute en venir, d'une façon déguisée, à quelques tentatives d'impraticable république, ou, en d'autres termes, au règne du petit peuple, servant de marche-pied à un certain nombre d'ambitieux ; ces mêmes hommes veulent obtenir les résultats que je viens de signaler, à moins qu'ils ne sachent comprendre ni apercevoir, que faire voter indistinctement par tête et pour le même objet tous les citoyens d'un pays; que n'admettre parmi ces derniers aucune sorte de classification, équivaudrait à donner privilège, monopole et toute puissance aux classes inférieures, plus nombreuses, à elles seules, et comptant plus d'individus que toutes les autres classes ensemble.

Une classe qui pourrait créer des lois suivant son bon plaisir, finirait par accaparer tous les bénéfices de l'état social. Ne voit-on pas aujourd'hui les classes moyennes abuser du pouvoir exclusif dont elles jouissent, et faire tourner à leur seul avantage la législation des douanes et des impôts indirects, et la multiplicité des fonctions salariées? On pourrait dire aux hommes si chatouilleux sur le choix des termes; les expressions : *classes supérieures*, *classes moyennes et classes inférieures*, n'ont-elles pas absolument la même signification que celles-ci : *aristocratie, bourgeoisie et démocratie,* dont personne jamais n'a dénié le lbre emploi dans les écrits où dans le langage. Il serait par trop absurde en effet qu'on ne put s'entendre pour marquer les différences qui existent réellement entre les hommes, par la fortune et par l'intelligence, comme on désigne sans aucune difficulté toutes les autres positions dissemblables, qui proviennent de la taille, de l'âge, de la vigueur corporelle et du plus ou moins d'agrément des formes physiques.

Au surplus, une des choses les plus essentielles à considérer en politique, c'est que la puissance législative, dans tout gouvernement représentatif, ne doit jamais favoriser exclusivement aucune des trois classes principales que je signale plus haut, et dont se compose toute nation ; il faut qu'un tel gouvernement participe et soit un mélange des trois classes en question, sans diminuer pour cela, ni affaiblir en rien l'influence forte, bienfaisante et si éminemment salutaire du pouvoir monarchique.

<hr>

Note K, page 26.

Sous le ministère de M. Casimir Perrier, le gouvernement eut une velléité qui le porta, un moment, à ne vouloir exercer aucune influence corruptrice sur les élections ; mais il se vit bientôt débordé par les intrigues et les imputations mensongères, que les partis mirent en jeu contre lui. Dès-lors, il fut comme obligé, n'ayant pas d'autre moyen suffisant pour bien résister à l'orage, n'ayant à sa disposition aucune loi sévère contre l'intrigue, il fut obligé, par droit de légitime défense, d'user de représailles et de se faire lui-même intrigant ou corrupteur, choses à peu près semblables, toute intrigue ne procédant que par corruption matérielle ou morale ; il appela donc à son aide cette corruption escortée de tous les suppots fallacieux qu'elle nécessite ; il rechercha le dévouement aveugle, plutôt que le talent ou la vertu : une fois lancé dans cette funeste voie, et avec les innombrables ressources corruptrices qu'il possédait, il ne connut plus de bornes, il lui devenait d'ailleurs impossible de s'arrêter, car les partis, avec leur mille voix sur tant de points du territoire, s'évertuaient sans cesse à suborner les adhérens sincères qu'il pouvait avoir.

Par tous ces motifs, on peut dire que M. Casimir Perrier, ardent, loyal, chaleureux patriote, mais peu expert dans l'art de gouverner, se méprit totalement lorsqu'il s'abtint d'influencer les élections, en faisant la faute de laisser le champ libre aux intrigants, aux ambitieux et aux corrupteurs de l'opinion publique. Rien de plus méritoire, sans doute, ni de plus honorable pour un gouvernement, que de rester neutre dans les élections : cependant, il faut qu'il puisse toujours se défendre lorsqu'on l'attaque par des voies clandestines ou tortueuses; il faut qu'il ait des moyens avouables, qui lui permettent de protéger les electeurs consciencieux dans le libre exercice de leurs droits; et ces moyens ne peuvent être autres qu'une ou plusieurs lois contre l'intrigue, lois qu'on devrait libeller d'une manière suffisamment précise, pour qu'il fut possible d'atteindre, de flétrir au besoin, et, par cela seul, de rendre infiniment rares les fauteurs d'intrigues, qui ne savent endoctriner leurs prosélites, qu'en exploitant le mensonge, la médisance ou la calomnie. Il faudrait, sous beaucoup de rapports, assimiler l'intrigue à l'usure.

Lorsque les partis ont toute latitude pour intriguer et pour corrompre, il est indispensable et très utile même au bien public, que le gouvernement, pour faire contre-poids, puisse être corrupteur à son tour. C'est un mal nécessaire qu'il faut supporter, à moins qu'on n'empêche les partis d'être, de leur côté, les premiers corrupteurs : dans tout état de choses, restons sans cesse bien persuadés que la plus avilissante et la plus désastreuse corruption sera toujours celle provenant de l'intrigue fomentée par les partis désorganisateurs.

Aux personnes qui diraient, sans avoir profondément examiné cette question : une loi sur l'intrigue sera toujours impraticable ; je répondrais : qu'en savez-vous ? Les romains, sous la république, ont eu plus de douze lois contre la brigue et l'intrigue. Gravina estime que des lois de ce genre sont les plus utiles de toutes celles qui composent une législation. (Hist. de la légis. chez les romains, pag. 213, édit. de 1822.) Au surplus , l'intrigue non réprimée, conduit, par les dégoûts qu'elle inspire , par les justes craintes qu'elle suscite, conduit infailliblement les peuples libres au pouvoir absolu, en causant une infinité de désordres ; mieux vaudrait alors adopter celui-ci d'une façon régulière et moins onéreuse, plutôt que de le voir s'introduire, sans qu'on le veuille, et par forme d'abus, comme il doit irrésistiblement en arriver de tout système électif, que ne fortifierait jamais une loi rigoureuse contre l'intrigue.

Une telle loi, pourrait-on objecter, empêchera les électeurs de s'entendre : mais quel besoin en ont-ils ? Chacun d'eux sait très bien, dans les choses à sa portée, et de longue date, quel est le plus digne candidat. Puis, l'action de se concerter, lors même qu'elle serait loyale au début, dégénère promptement en intrigue, et d'ailleurs, un premier tour de scrutin, si vite opéré dans les colléges peu nombreux, ferait bientôt connaître sur qui doit tomber la majorité des suffrages, dans le cas où l'élection ne serait pas décidée à ce premier tour.

<hr>

Note L, page 29.

J'observe ici que toutes les constitutions essayées en France depuis 1789, durent être l'œuvre des partis, ou le résultat éphémère de quelque événement fortuit : aucune d'elles n'a été longuement réfléchie, ni combinée de façon à régler équitablement les intérêts du présent et ceux de l'avenir, dans ce qu'ils peuvent avoir de relatif à la position respective des classes diverses de la société. Les péroraisons de Mirabeau et les interminables élucubrations de Syeyes, n'aboutirent qu'à faire passer l'omnipotence d'une classe à l'autre, de la noblesse au tiers-état. Robespierre, à son tour, donna le pouvoir exclusif au petit peuple. Le directoire essaya vainement de resserrer les liens sociaux, que tant d'excès, de passions et d'inexpérience avaient si fortement relâchés : il fallut l'épée dictatoriale et le génie organisateur de Napoléon , pour extirper tous les fer-mens de discorde, amoncelés pendant les dix années antérieures. L'époque de la conciliation écrite des intérêts collectifs , qui se rattachent aux classes en question , n'était pas encore venue, lorsque de nouvelles révolutions apparurent. Les chartes cons-titutionnelles survinrent alors , et les services qu'elles rendi-rent ne pouvaient être que ceux qu'on doit attendre des trèves ou des sauve-gardes, qui suspendent les périls et ajournent les traités définitifs. Au moment même où j'écris, la pondération des intérêts collectifs, mentionnés plus haut , n'est pas encore établie comme chose fixe et invariable : peut-être même ne se trouve-t-elle pas généralement admise en principe , quoiqu'elle ait pu résulter souvent, et avec plus ou moins d'exactitude , des bonnes intentions du pouvoir , de l'habileté de quelques chefs , ou de l'équité naturelle dont firent preuve , en mainte circons-tance telle et telle classe , lorsque l'une d'elles était favorisée par les lois électorales de l'époque. Il est positif cependant que la France ne jouira des bienfaits d'une concorde universelle et durable , qu'à partir du jour où la pondération rigoureuse des intérêts sociaux, sera tracée , en quelque sorte, sur le marbre ou sur l'airain , pour servir ainsi de règle invariable , sauf les modifications secondaires que réclamerait l'avenir.

Il serait curieux de savoir, aujourd'hui, en combien d'heu-res et par quelles têtes ont été libellées les cinq ou six constitu-tions que la France a vu paraître et disparaître , dans le demi-siècle qui va bientôt finir : de cela seul qu'elles naissaient à des époques de troubles , elles devaient être peu réfléchies , partia-les , et conséquemment de peu de durée : une révolution les créait , une autre devait les détruire. Le soin d'élaborer quelque bonne constitution que ce soit, exige des temps de calme et de tranquillité publique , où nulle sorte d'événemens extraordi-naires ne maîtrisent ni les hommes, ni les choses. Ce travail constituant ne peut guère être effectué que par des personnages intègres, que n'égare jamais l'esprit de parti , et qui possèdent à fond les sciences relatives à la politique : il faut, de plus, qu'ils aient une longue expérience, un caractère ferme, une position indépendante, et qu'ils jouissent de tout le loisir nécessaire pour bien combiner les diverses garanties que réclament la multiplicité d'intérêts, dont l'état social offre l'assemblage, si difficile à concevoir, ainsi qu'à raccorder habilement.

Une vie trop agitée par les distractions du grand monde, par des devoirs d'étiquette, ou par les soins continuels de l'administration publique, une telle vie est en quelque sorte incompatible avec les réflexions profondes que nécessite le grand travail de constituer fructueusement un peuple.

Note M, *page* 30.

L'homme d'état qui entreprend des réformes risque souvent de jeter sa tête dans un guépier. Combien de gens qui apprécient les innovations politiques, moins en raison du mérite réel de celles-ci ou de leur utilité, que d'après le bénéfice ou le dommage qu'ils présument en recevoir personnellement. Lorsqu'il s'agit d'améliorer un état social, ce ne peut être qu'en réformant certains abus, ou en supprimant quelques usages dont profitent des familles entières ou nombre d'individus. Ces derniers alors blâmeront directement ou indirectement les réformes projetées ; ils feindront de les croire nuisibles au bien public ; peut-être même parviendront-ils à tromper sur ce point quantité de personnes totalement désintéressées dans la question ? D'où il résulte parfois qu'une sorte de clameur, plus ou moins imposante, s'élève, et contre les réformateurs, et contre les réformes, quelque avantageuses qu'elles soient.

C'est surtout dans de telles circonstances qu'il devient très difficile d'effectuer les améliorations, même les plus salutaires. Pour en venir à bout, il faut d'abord que les chefs de l'état sachent manifester une volonté forte, et qu'ensuite ils aient le soin d'introduire graduellement et à propos les changemens qu'ils veulent opérer.

Note **N** *, page* 31.

Le droit de propriété est, sans contredit, le plus fécond de tous les véhicules du travail. L'homme, pendant sa vie, et même après sa mort, doit pouvoir disposer librement des biens qu'il possède; moins, à cet égard, on génera sa liberté, plus il mettra d'ardeur au travail; par contre aussi, plus il se verra limité dans la possession et la libre disposition de ses biens, moins il sera laborieux; tellement qu'avec des lois qui aboliraient le droit de propriété individuelle, les hommes ne travailleraient que pour vivre au jour le jour, et finiraient par se contenter des fruits naturels ou spontanés de la terre; dès-lors, la population, dans les pays civilisés, serait bientôt réduite au vingtième de ce qu'elle est maintenant, et les sociétés humaines reviendraient, par une progression décroissante et rapide, à la vie sauvage, au régime des glands, ou, en propres termes, à l'état complet de nature.

Quelques novateurs inconsidérés appellent de leurs vœux un partage égal des biens de ce monde, ou, pour le moins, ils demandent qu'on abolisse les lois de succession, afin que les richesses privées rentrent graduellement dans une masse commune. Tous ces systèmes subversifs auraient pour résultat infaillible de ramener, tôt ou tard, l'espèce humaine à la vie sauvage que je signale plus haut. En effet, les richesses individuelles, accumulées aujourd'hui sur un certain nombre de têtes, sont le produit et le gage de ces travaux merveilleux auxquels nous devons la civilisation actuelle, la fertilité des terres, les abris qui nous protégent contre l'inclémence des saisons, et les voies si faciles et si promptes de transports, qui gratifient les contrées les plus lointaines du superflu de beaucoup d'autres; ces travaux ont amélioré, aussi largement que possible, le bien-être de la postérité du premier homme; ils ont centuplé le chiffre de la population que fixerait l'état de nature, et, sans nul doute, nous verrions aujourd'hui cette postérité flétrie, errante, misérable, et clair-semée dans des steppes, des marécages ou des forêts, si le droit salutaire de propriété individuelle n'avait pas été sagement établi dès l'origine des sociétés humaines, et maintenu, depuis, avec une rigueur toute paternelle.

Le désir, fort louable sans doute, de remédier aux tristes effets du paupérisme, conduit souvent à de pernicieuses erreurs quelques esprits fort charitables, mais peu éclairés sur ce point; ils n'aperçoivent pas qu'une partie de l'espèce humaine doit, inévitablement, souffrir la privation de plusieurs des choses nécessaires à la vie; la faculté génératrice, chez l'homme, ainsi qu'il en est pour toutes les espèces d'êtres organisés, restera sans cesse plus féconde et moins variable que la production des matières nutritives : le monde verra toujours des pauvres, ou des individus qui ne seront pas suffisamment nourris, quelque forme de gouvernement, quelque système d'organisation sociale qu'on adopte.

A d'autres égards, et pour ce qui concerne la production et la distribution des denrées alimentaires, le régime de la propriété individuelle est celui qui accroît le plus la masse de ces denrées et qui les conserve avec le plus de zèle ou de soin. Les meilleurs *ménagers*, les meilleurs *économes*, suivant Mirabeau, (Discours prononcé devant l'assemblée nationale, le 10 août 1789), des ressources qui doivent substanter le corps social, seront toujours les propriétaires, les possesseurs de biens, les hommes riches que tient sans cesse en éveil le droit si attrayant de propriété. Aristote et probablement avant lui, tous les hommes doués d'une haute sagesse croyaient que le plus grand bonheur où il fut permis à l'espèce humaine d'atteindre, devait résulter du *charme inexprimable de la propriété* (Politique d'Aristote liv. 2, chap. 5). Tout languit en effet et se détériore avec un régime quel qu'il soit de communauté : cette assertion est démontrée avec autant de succès par le raisonnement, que par les expériences qui furent faites à diverses époques, notamment sous les règnes de Denis le Jeune en Sicile et de l'empereur Gallien à Rome. Je développe très longuement toutes ces questions dans mon grand ouvrage, où je leur consacre un chapitre entier.

Note O, page 30.

N'admettre que des législateurs riches ou opulens, c'est restreindre par trop la concurrence du mérite et créer un privilége
pour la fortune; les prendre peu aisés sans leur fournir aucun
émolument, les expose à devenir les très humbles serviteurs
du pouvoir exécutif, des partis, et, dans certains cas, de l'étranger; l'homme aux prises avec quelques besoins ne jouit pas toujours d'une indépendance suffisante; il lui est dès-lors impossible de défendre constamment les intérêts confiés à sa garde, et
s'il se laisse corrompre, on le verra bientôt devenir nuisible
même à ses corrupteurs.

Note P, page 32.

Les fonctions publiques, de nos jours, ne s'accordent par no-
mination ou par élection, qu'aux personnes qui les demandent.
Cette façon de choisir atteint rarement le mérite supérieur, elle
gratifie bien plus souvent les médiocrités, qui de leur nature
sont très solliciteuses, car elles n'ont pour être recherchées que
des titres fort incertains. Cependant, avec une semblable distribution d'emplois, tout porte, dans la sphère politique, le cachet
de la médiocrité : esprit, talens, caractères, vertus civiles, projets, lois, décisions, tout est médiocre ou moyen. Il y a plus,
les fonctionnaires publics, donnent sous plusieurs rapports l'impulsion aux masses; penchent-ils vers le médiocre? aussitôt, les
médiocrités, qui, toutes se tiennent par la main, ne tardent à
faire prévaloir leur influence. Les écrits médiocres ou pernicieux obtiennent alors une sorte de vogue : nombre d'écrivains,
quoique dépourvus de génie, de science ou de haute sagesse, veulent néanmoins avoir de la célébrité, et, pour y parvenir, ils
flattent ou provoquent les mauvais penchans d'une foule de lecteurs frivoles, sans cesse à la recherche des nouveautés piquan-
tes, des émotions fortes et des peintures, faisant contraste avec
la régularité naturelle de mœurs, qui trop souvent paraît mono-

tone , languissante, et une source d'ennuis pour quantité d'âmes faiblement trempées.

De là provient l'apparition de ces œuvres, honte de l'époque actuelle, et qui se font un jeu de rendre le vice excusable, attrayant et séducteur; œuvres, où, presque toujours, la convenance des formes et du langage déguise perfidement l'immoralité du fond; œuvres enfin, qui, sous les noms de romans, drames ou mélodrames, pénètrent en tous lieux, éludent facilement notre insuffisante législation de la presse, et pervertissent ainsi tant de jeunes cœurs. Lorsque la corruption et la médiocrité prédominent de concert dans la politique, dans les mœurs et jusques dans la littérature, il devient comme impossible de maintenir quelqu'espèce d'ordre social que ce soit. Un peuple livré à l'action de pareils dissolvans suivra une marche sans cesse retrograde, et finira par tomber, de lui-même, dans la plus rude misère, ou par subir la conquête et l'invasion, à moins que des réformes habilement combinées ne le régénèrent avant sa ruine totale.

La France, je le reconnais, se trouve bien loin encore d'être réduite à de telles extrémités, mais elle est sur la pente; aussi des réformes promptement appliquées, lui sont-elles d'une indispensable nécessité. Je fais, à tous ces égards, les vœux les plus ardens pour qu'elle sache profiter des exemples si instructifs, qu'aux époques de son déclin, nous offre la civilisation romaine, anéantie plus par les vices des gouvernans et des gouvernés, que par le fer des Alaric et des Attila.